Rincones
de ambigua geometría

Rincones
de ambigua geometría

La Bella Varsovia

ANAGRAMA

Primera edición: mayo de 2025

© De los poemas, Ignacio Vleming
© De la ilustración de cubierta, Dionnys Matos
© De esta edición, La Bella Varsovia
Editorial Anagrama, S. A. U.
Pau Claris, 172
08037 - Barcelona
http://www.labellavarsovia.com

Corrección ortotipográfica:
Júlia Sala Reyes

Diseño de la cubierta y maquetación:
Sergio Godia

Impresión y encuadernación:
Liberdúplex

ISBN: 978-84-339294-0-2
Depósito legal: B. 4449-2025

Printed in Spain

*Rincones
de ambigua geometría*

No es el simple pudor el que la empuja
fugitiva en los bosques de cemento
o el contagio espinoso de la mano.

La muchacha Carla,
Elio Pagliarani.

Estaba más que dispuesta a aceptar.
Solo que cuando vi que la gente miraba
me di media vuelta y salí huyendo.

Rincones sucios,
Carmen Jodra Davó

Haré un poema de la pura nada:
no tratará de mí ni de otra gente,
no celebrará amor ni juventud
ni cosa alguna,
sino que lo compondré mientras duerma
a lomos de un caballo.

Guillermo el Trovador

LA MULTITUD

I.

¡Aquí se sirven corazones, cerebros e intestinos!
Hay opción para toda la flora bacteriana,
sea su credo civil o religioso.

> Por montes y veredas
> persiguen al amor,
> ni temen a las fieras
> ni templan su furor.

Aquí se contratan viajes al Paraíso,
retiros espirituales para ser
niños de teta en un crucero.

> En sus celdas de luz,
> tan aerodinámicas, tan frágiles,
> suaves, frías y lisas,
> como exvotos de cera
> sin pálpito ni sangre ni suspiros.

Aquí también hay gente que hace cola,
gente que comparte su deseo de esperar,
quizá en estado de meditación.

> Si no, ¿para qué?
> ¡Bendito sea Dios!

> ¡Ay, amor, que te fuiste
> y me dejaste fuego entre las manos!
> ¡Ay, amor, te fugaste,
> me rompiste por dentro
> y ahora soy polvo sucio de luz!

Aquí se viene a pasar tiempo,
la tarde o la mañana,
el día o la noche.

¿Qué más da si llueve o truena?

Acaso me encontraste,
caído en la espesura de los bosques,
como un ratón herido
por aves de rapiña
y luego abandonado entre los árboles.

II.

En un reflejo que no le pertenece,
Andrés encuentra sus ojos aburridos;
son tornados y truenos,
un lobo sin jauría,
lo que a él le apetece
tener entre las muelas.
Después del sueño,
algo se pliega en códigos de barras.
Los productos reposan dóciles
mientras él busca el número áureo
en la proporción exacta de los logotipos.
Y su teléfono muge
como una res marcada por el fuego
o los náufragos de una ducha violenta,
para permanecer como una estatua
sobre su pedestal de mármol blanco.

No es de mármol su pedestal
ni sus brazos ni sus piernas,
que ahora contempla entre el vaho
y los bostezos:
aleaciones que hacen vulgar
al más noble de los metales.
Oculto entre los dedos de la mano,
el azogue de esquirlas incendiadas.

Insufla vida a sus pulmones,
se peina con una raya en el medio;
en el pecho, la placa de vigilante
como un corazón de plástico.

III.

Tienen dos uniformes idénticos
pero podrían usar el mismo
si hubiera tiempo para poner
una lavadora.

                Hastiado de mirarse entre reflejos,
                Narciso se lanzó al agua y murió
                enredado entre tallos de nenúfares.

Andrés sustituye a Emilio
y Emilio sustituye a Andrés.

Con la parsimonia de los burgajos,
Fátima empuja el carro de la limpieza
y repasa los pomos y las barandillas
que ha tocado todo el mundo.

                ¿Te pones guantes, mamá?
                ¡Qué bobadas dices!

La piel se le agrieta de tanto frotar,
luego lo sufren en las caricias
su marido y el niño.

                Tienes las manos como lijas.

Para trabajar sí se quita el velo
porque no le gustan algunos comentarios.

                Parece que Narciso confundió
                su rostro con el rostro de otro hombre
                hermoso: solo pudo enamorarse.

Con el sigilo de las urracas,
Emilio alarga la mano y roba
cosas sin demasiado valor:

una crema para su novia,
unos cuadernos para su hija,
que está aprendiendo a escribir.
A última hora de la tarde se encarga
de revisar los bolsos de las cajeras.
Ellas a veces se esconden alguna baratija
pero ignoran que él también lo hace.

Entre todos se ocupan de los objetos perdidos,
aunque nadie les pague por ello,
como tampoco les pagan
por llevarse bien.

Si al menos el amor durara tanto,
si no fuera de paja el espejismo.

IV.

Andrés permanece impasible en su garita,
el horizonte resulta difícil de contemplar
bajo la línea discontinua de los anaqueles,
            la respiración de équidos extintos,
            el terrible compás de su galope.
            ¡Debajo del pelaje solo hay miel!

Pero el orden sí altera el producto
y no es lo mismo decir
            «para escapar un caballo quería...»
    que
            «un caballo quería escapar para...».

    Búscalo arriba escalera cosa sube.

            Un caballo quería escapar para
            comerse las praderas a bocados,
            respirar hondo, cagar lo que sobra,
            casi todo le sobra.

    Búscalo arriba cosa escalera sube.

            Recubiertos con plástico los músculos,
            hinchadas con petróleo las venas,
            se desprenden de todo lo superfluo,
            cabalgan y relinchan.

Alguien sugiere que el apocalipsis
está en curso.

Vaya gilipollas.
¡Yo sí que sé comprar!

Una manada de caballos pasta bajo la luz de los neones.

V.

Hace unos años Andrés tuvo una novia.
De vez en cuando ella lo visitaba por las noches.
Se metía con él en la garita,
charlaban durante horas,
comían del mismo táper,
se reían a carcajadas
y hacían el amor.

Ha llovido mucho desde entonces.
Primero fueron pequeñas riñas,
          imposible coordinar los dos horarios,
luego la monotonía,
tardes enteras sin grandes conversaciones,
como si el frío creciera entre ellos.
               Es que ya no dices nada.
               Que no le des tanta importancia...

Pero el sexo exige, como el proveedor del gas,
y después de muchas noches sin rozarse
es imposible que todo se encienda del mismo modo.

               ¿Quién ha rasgado el cielo que nos cubre?
               ¿Quién ha conjurado antes nuestra suerte?

Llegaron los cuernos, las mentiras, los mimos falsos,
la dificultad, en la agenda, para encontrar calor.
Más tarde se impusieron los celos, las broncas.

               Después de una semana de borrascas,
               el paisaje escondido entre la bruma.

Por fin el silencio.
Ni siquiera hizo falta un ajuste de cuentas,
bastó el desdén y la zozobra.
      No quiero que me devuelvas mis regalos.
      Preferiría no verte.
Dicho muy bajito.
      No hay mucho de qué hablar.

Pero Andrés siempre le estará agradecido
por aliviar el tedio de las guardias,
por haber marcado un paréntesis
en medio de esta larga letanía.

VI.

¿De dónde brota el envoltorio de los regalos?
¿En qué cajón se cría
esta interminable sucesión de motivos?
        Renos y estrellas,
        huesos y calaveras,
        rosas y diamantes.

                ¿Te acuerdas todavía de las tardes
                en las que no importaba si la nieve
                o si el calor quemaban los tejados?

Andrés compra palomitas de maíz
y piensa en el frío.

                La preocupación por estos signos
                atmosféricos, signos astronómicos,
                signos mentales, signos corporales,
                tan común en espíritus sensibles
                y frágiles y dúctiles y mórbidos.

VII.

Andrés observa a Fátima sin que ella lo sepa.
Ve que se le rompen los guantes de goma.
Fátima limpia los pasillos con sus manos ajadas.

       Un rostro tantas veces humillado,
       sin la ternura, la edición o el filtro
       que pueda paliar su luz tenebrosa.

Andrés contempla la última ronda de Emilio.
Ve que esconde algo debajo de la chaqueta.
Emilio mueve las manos como un prestidigitador.

       Escondida en su tuétano de sombra,
       esta cruda verdad, la imagen misma,
       una repetición, no un falso doble.

Andrés los descubre en la pantalla de vigilancia.
Ve que Fátima y Emilio se hablan entre murmullos.
Pese a guardar silencio no puede oírlos.

VIII.

Tal vez haya cambiado la forma de comprar
pero no la de ser caritativo.
El pobre extiende su mano en la puerta
y Andrés solo le deja entrar para que orine,
según órdenes de más arriba.

> Sobre el ojo, una larga perspectiva de columnas.
> En el fondo, la pupila como un globo de murciélagos.

Tampoco cambian los adolescentes,
que imitan las poses de los anuncios,
delgados y de pelo vigoroso.

> La figura derritiéndose con fuego en mil puntos.
> Y su línea descosiéndose con hielo en el iris.

Ni los pajilleros del baño de la tercera,
> hombres que buscan sexo con otros hombres,
el cancaneo que agita los pomos de las puertas
como el viento que mueve las hojas.

> Contra el ojo, una larga estalactita de aluminio.
> En el fondo, cristales rotos y miedo de amapola.

Pero la multitud sí ha cambiado,
la mayoría de los clientes envejecen.
También su madre envejece,
la madre a la que Andrés llama cada dos días.
> ¿Qué has hecho hoy, mamá?
> ¿Qué hiciste ayer, mamá?

La figura deshaciéndose con furia de mil granos.
Y su línea descosiéndose con furia en el iris.

Un día se fue la luz y vinieron los bomberos.
Un día les prometieron un aumento.
Un día apareció un loco desorientado.
Un día descubrió a dos amantes,
escondidos en uno de los cuartos
se besaban y no quiso interrumpirles.
Sintió envidia.

Desvelado y con niebla en tu retina tibia, blanca.
Desvelado y con humo en mi retina turbia, gris.

LOS NIÑOS

I.

¡Qué sorpresa!
Los niños visitan el centro comercial
como si fuese un museo.

      Queridos inocentes,
      os vamos a enseñar las reglas básicas
      de la economía.
      La ley de la oferta y la demanda
      será siempre parte de vosotros:
      ojo por ojo, diente por diente.

          Cabalgan los infantes
          entre sus siervos tristes:
          no ha sido esta cosecha
          como la de otros años.

      Pero... ¿y si un ojo tiene miopía?
      ¿Qué me darán a cambio?
      ¿Una muela picada?

La profesora les muestra las etiquetas,
los sellos de calidad, el cartel que anuncia
las mejores ofertas, la caja que en las tiendas
celebra cada compra con un pitido.

          Corre entre los labriegos
          el rumor del escándalo,
          los infantes no saben
          que también hay ladrones.

La profesora obvia que son dos
las profesiones más antiguas del mundo.
Para hablar de la prostitución

resultan todavía menores,
el robo lo conocerán pronto,
cuando se enfrenten al deseo.
        Queridos inocentes,
        lo que queráis de aquí
        debéis pagarlo vosotros.

El círculo perfecto de las monedas
es una metáfora del sol
o del ciclo de las estaciones
o de esa pequeña víscera
que palpita dentro del pecho
de todos los niños.

Fátima y Emilio:
la pana caliente, la cremallera atascada.
      Vamos, solo un ratito.
Fue justo en este recoveco.
         Ábrase una hornacina para las benditeras.
Se oye el rumor de las humedades
como una catarata subterránea
que puede inundarlo todo
y cuando menos se cree.
        Es de pan de oro el fondo o de blanca corladura.
El suelo, el techo y las paredes;
sus codos rebasan los planos del amor:
salen con las rodillas magulladas
y los pies como hogueras.
        Floreció una guirnalda de rosas en el arco.

Pasa de largo la visita escolar.
La profesora les ha dicho a los niños
que ella conoció a su novio
en un sitio semejante.
        Y es amor lo que el amor
        quiere: Cupido feroz
        entre bolsas de basura.

III.

Fátima y Emilio piensan en sus hijos.
Andrés, en los hijos que no tiene.
Se preguntan qué podrían enseñarles y qué no,
qué no serían capaces de decirles,
qué no querrían contarles
del centro comercial.

Los siervos de la gleba
labran el campo azul y castellano
y lloran porque no les pertenece.
Ellos son de la gleba:
son ellos los que al campo pertenecen,
como las nubes son del cielo y no
de quien las contemplare.

Queridos inocentes,
el mercado es como un manantial
del que rezuman los billetes.
Este y solo este es el principio
civilizador, lo que nos diferencia
de los animales y las plantas,
incapaces de trabajar por dinero
o por placer, incapaces de distinguir
el ocio del trabajo.

Pero el dinero es como un cubo de aire
recogido contra la ventisca.
O el álgebra y los algoritmos
zumbando entre los dedos.
A todos les preocupa su condición
evanescente, su cuerpo eucarístico,

ni vino ni sangre
ni carne ni pan.

Queridos inocentes,
ahora sabéis que el centro comercial
es un lugar abierto y seguro.
Este fue el primer espacio público
y también es el único que aguanta.
Cerraron los multicines, la bolera
y la pista de hielo, pero siguen abiertos
los restaurantes, los fast food;
la identidad corporativa de las franquicias
es universal y a todos nos reúne
en feliz comunión.

           La torre en el peñasco
           controla el panorama
           de la seca meseta.

Ni Andrés ni Emilio ni Fátima lo saben.
No saben cómo responderían ante una catástrofe.
           ¿Qué valor tiene mi trabajo?
           ¿Y el trabajo que dejo de hacer?
Huirían los primeros,
pisarían a los niños
si fuera obligatorio.

           Los siervos de la gleba están llorando:
           plañideras patéticas y cursis,
           todas vestidas de color celeste.

Tan solo un cubo de aire recogido contra la ventisca.

IV.

Automatismo del deseo:
saben que lo suyo es un placer sin garantía.
Durará lo que dure.
>   *¡Tant' amáre, tant' amáre,*
>   *habib, tant' amáre!*
>   Esto no va en serio, Fátima,
se repiten. Pero les gusta.

>   Lo que tarda un océano en secarse.
>   Lo que tarda.

Como un burgajo,
Fátima lame las barandillas.
Emilio hurga en su chaqueta,
como una urraca.
Cuando se cruzan se miran de reojo,
hasta el próximo encuentro.
Nunca está programado,
pero saben que va a pasar,
igual que vuelven las rebajas.

>   Te dije que no quiero nada en serio.
>   Somos los últimos de un mundo que se agota.
>   *Habib,* ¿tú crees eso?

>   Lo que tarda un océano en secarse.
>   Lo que tarda.

V.

Los niños van a comerse una hamburguesa.
Por un segundo alzan la vista de sus teléfonos:
les asombra un viejo que pasa las cuentas del rosario
sin sacar la mano del bolsillo.

Una a una en sus dedos
las monedas, los clavos
uno a uno en sus dedos,
los billetes, las cuerdas
una a una en sus dedos,
las noches y los días
uno a uno.

VI.

Los niños comienzan a cantar:
En el patio del colegio,
no significa estar solo,
tengo derecho a estar caliente,
hay un charco y no ha llovido,
no significa estar solo,
tengo derecho a estar enamorado,
son las lágrimas de Emilio,
no significa estar solo,
tengo derecho a estar triste,
porque Fati no ha venido.

VII.

Cuando Fátima piensa en Emilio:
    Poleo y polen.
        Volver siempre a la misma encrucijada.
    Tierno y terco.
        Volver siempre a la misma paradoja.
    Pulso y pulsión.
        Volver siempre a la misma escaramuza.
    Cascadas y cabriolas.

VIII.

La gente tiene algunos valores.
No es cierto que hayan desaparecido del todo.
Se los guardan en el monedero,
y el monedero en el bolsillo de la chaqueta,
cerca de la aorta. Por eso se les olvidan:
escondidos entre los tiques y los billetes,
sin que nadie los gaste.

       Este año no habrá cosecha,
       este año el cielo es de esparto,
       y la miel, de acero.

Existe una ética de la menudencia:
hablar grande, pensar bajito.
     Si tú dices que eres ecologista
     te hacen un descuento del diez por ciento
     en la panadería.
Existe una ética de la apariencia:
poner cada cosa en una bolsa diferente,
tal y como reciclamos la basura.

       Este año no habrá cosecha,
       este año la arena es de hielo
       y el agua, de agujas.

LA EXPOSICIÓN

I.

En el centro comercial la rutina
se autorreproduce idéntica a sí misma,
emerge de las profundidades
de los refrigeradores del supermercado,
borbotea y se derrama,
igual que se derraman
las lágrimas de los incrédulos
por los tristes franquiciados
de la fe.

        Uno más uno, dos.
        Dos más dos, cuatro.
        Cuatro y cuatro, ocho.
        Ocho más ocho
        son dieciséis.

No es posible oponer resistencia al tedio.
Este se esconde en las rendijas
y lo embadurna todo.
Impide los movimientos
naturales.

        ¡Idiotas! Es la mecánica de la biología,
        no la magia de las libélulas.

        El azar predecible
        de los juegos de cartas,
        adivinanzas siempre
        con un final estricto.

Cada idea delirante o deliciosa,
cada encuentro fugaz,
bajo la atenta mirada de las cámaras.
Total, ¿a quién le importa
verse en esta tesitura?

Uno más uno, dos.
Uno más dos son tres.
Tres más dos son cinco.
Cinco y tres, ocho.
Ocho más cinco, trece.

La abulia se impone como norma
y el invierno parece demasiado frío para salir a la calle.
No volveré a rebasar los límites de la costumbre,
más estrecha cada año.
¡Qué bien se está sentado en la garita!

II.

El que más habla se llama Andrea,
no Andrés.
      ¡Esas gafas le han costado una fortuna!
Aunque le impidan ver mejor,
dice palabras enigmáticas.

          Un cuerpo de trabajo
          performativo,
          conceptual,
          irónico.

Desde entonces los vigilantes
protegen las obras de la exposición.
      ¿Pero quién iba a robarlas?
Ni se mueven ni tiemblan ante los ojos
ni son escurridizas ni vergonzantes
ni nadie les presta atención alguna.
Permanecen impasibles, silenciosas,
aburridas fundamentalmente
de sí mismas.

          Un programa de tesis
          experimental,
          minimalista,
          sólido.

Nadie quiere comprar una obra de arte
en el mismo lugar que la pasta
dentífrica o el papel higiénico.
      Son ideas de los de arriba...
      para ver si animan esto.

Emilio y Andrés se ríen de Andrea
y no es por su acento italiano.

III.

Andrés, sin darse apenas cuenta,
sin saber exactamente
por qué lo hace,
como si el cuerpo le bailara solo
y eligiera sus propios movimientos de cortejo:
la silueta del abdomen en el punto de fuga,
la camisa desabrochada hasta el esternón.
Una virilidad con aspavientos.
Estar siempre enfadado
y no pedir disculpas,
y a la vez ciertas sonrisas,
ciertas miradas penetrantes
en el nervio mismo del ojo,
abrasadoras y tensas
como las cuerdas de los ahorcados.

El hontanar seco,
una gota, otra gota,
una fuente, un torrente,
inundación que anega
las nalgas y la próstata.

Poco a poco Andrea va cediendo,
como una puerta que no quería abrirse,
como el cuello de un jersey
por el que no entraba la cabeza.
Van cediendo sus cejas y sus goznes,
sus hoyuelos, el rictus de la aldaba.
Van cediendo su manera de caminar,
su voz temblorosa en la glotis,
como un cable suelto
que finalmente hace contacto.

IV.

La inclinación violenta de los meridianos
no importa.
Tampoco la latitud mórbida del consumo
o que la Tierra sea plana,
             un conjunto social
             de luciérnagas libres
             que engañan a los ojos
             cuando intensamente
             copulan con la noche.
Dentro de la garita
Andrés se siente protegido:
otros ven lo que hace
pero nadie sabe quién es.
             ¿Quién soy, mamá?

A lo mejor es cierto.
La publicidad nos iguala
casi tanto como la muerte.
             ¿Qué pasa con la pornografía?
             ¿Está libre la pornografía
             de lo que tú y yo pensemos?

Demagogos que aprovechan
que nadie pregunte
para enarbolar sus proclamas
y con el mazo dando
y sus banderas.
Tienen las bocas muy grandes,
las manos muy largas.
Ponen los pies en polvorosa
si huelen la verdad.

¿De verdad existe una verdad?
¡Subid al tornavoz de las dádivas, fariseos!
Pero no le cortéis las alas a las mariposas.

V.

La silueta de Andrea ha impregnado
de sudor el mosaico de la pantalla,
como un ángel que pasara en silencio
agitando sus alas y rompiéndolo todo,
los cristales y también las retinas
de Andrés.
            ¿Y si el deseo fuera esto?
            Algo extrañamente parecido al terror.

            La alberca rodeada de naranjos
            donde bañarse todas las mañanas
            bajo un sol que parece no acabarse
            jamás, como si fuera incombustible.

Pero esto se aloja en su costado,
parece un tábano que revolotea
prisionero dentro de la piel,
no es exactamente el miedo
ni el amor,
un calambre, un chispazo,
el choque de dos dípteros
a más de mil kilómetros por hora.

            Hace tanto calor que se derriten
            en la piscina el agua y las teselas,
            que cambian de color y se evaporan:
            el deseo son frágiles insectos.

Andrés se sorprende
con la estela de esa imagen,
su rastro fugaz, efímero,
perdido para siempre,

saber que no estará mañana
lo que está hoy.
Todo se repite sin ser exactamente igual.
Por eso se queda embobado mirando la figura
de Andrea, ahora que puede detenerla
durante algunos segundos en sus ojos
y rebobinar.

VI.

Son las cuatro de la tarde de un día de agosto
cuando Andrea atraviesa con sigilo
los pasillos desiertos del centro comercial.
      Un litro de leche,
      un kilo de carne,
      un litro de zumo,
      un kilo de arroz,
      un litro de vino,
      un kilo de pasta.
Apoyado en el quicio
de la garita,
Andrés le observa moverse como un reponedor
que rellena los anaqueles vacíos
del supermercado.

Andrea siente su mirada,
siente que Andrés le muerde con sus ojos
y que a él también le tiemblan las piernas
por dentro.
      Palillos resquebrajados
      al tomar entre sus puntas
      el sushi o el sashimi.
Uno se acerca al otro
y poco a poco se desplazan
movidos por una fuerza imperturbable
hasta llegar a un recodo oscuro
del centro comercial.

Andrés le coloca las manos sobre los hombros,
y Andrea se deja caer en la pared:
todo deseo es violento.

Del mismo modo
las ramas de los árboles
vencen ligeramente
hacia la tierra
cuando nacen sus frutos.
A las cuatro y cuarto de la tarde,
se besan casi por descuido
rozando tibiamente sus labios,
el uno del otro.

VII.

Insaciable, en busca de una epifanía,
ve incluso con los ojos cerrados,
pero fijos en el color y las facciones,
en la fuerza expresiva de las sombras
que nos conmueven.
Ver en lugar de hablar, ver para vivir.
            Mamá, ¿quién soy?
                Eres lo que miras.
Películas porno, estampas
religiosas, el menú
del restorán.

A partir de ahora Andrés empieza a estar cautivo,
hipnotizado por los puntos de luz titilantes,
sobre la superficie de las pantallas.

                Augurio de las nubes,
                de las vísceras rojas del carnero,
                del tarot, de los posos del café
                y de la quiromancia.
                Augurio de los muertos
                y de ciertos espíritus nocturnos.

Pero igual que si practicara
sexo sin protección,
corre un riesgo,
            hay un riesgo que debe tener en cuenta,
porque
                el amor se transmite
                a través de los ojos,
                por contagio visual.

VIII.

El sol rasante sobre el asfalto,
el rocío o la escarcha
en los ojos de Andrés.

        Un ibón congelado entre las gradas,
        al que un patinador rompe bailando,
        se resquebraja en vidrios puntiagudos.

A veces se filtra entre las ranuras
el primer rayo de la aurora
y compite con los fluorescentes.

LAS RUINAS

I.

Cuando entran, todos se rozan sin querer.
  ¡Mira que te llevas una hostia!
El uniforme de los vigilantes,
lavado, planchado y doblado,
igual que un muerto,
se balancea en su bolsa de deporte.
  ¡Me cago en el humor de algunos!

La felicidad de los demás en las manos y en el bolsillo,
una reliquia que no les pertenece
pero a la que pueden rendir culto.

    Oremos por todo lo que perdimos,
    por las revoluciones de los coches,
    por su privado acento de metralla.

Observan las formas de los clientes
estériles, efímeros, prohibidos.
De pronto se paran y las figuras componen arabescos
en un aire sin aire de luz artificial.

    Oremos por todo lo que soñamos,
    por los ángeles tristes y hercúleos,
    por el sonoro aplauso de sus alas.

Todos se esfuman como una pesadilla
en la inercia de las horas:
las caras de siempre
a las que no saludan nunca.
Las mismas caras.

Oremos por todo lo que dijimos,
por la mentira que nos salva a veces,
por la verdad destartalada y fría.

Y el pasillo, las escaleras mecánicas, el rellano que dobla,
su angostura de culebra,
el uniforme que avanza dentro de su sarcófago,
los pasos que repiten el movimiento de otros pasos,
en una coreografía que apenas cambia,
que apenas ha cambiado.

Oremos por todo lo que nos queda,
la piedad, la vergüenza, las lágrimas,
el temor, la ternura, la templanza.

¿Alguien rezará por nosotros cuando nadie se lo exija?

II.

Los niños se sorprenden del rigor extremo
con el que todo se ha calculado.
La precisa inclinación de las rampas
o la temperatura idónea
para que nada perezca
ni se reproduzca
por exceso.

Falso invernadero,
cárcel de cartón,
célula cautiva,
inminente síntoma,
o erupción urbana.

Abundan los ángulos rectos,
los rincones trazados
con escuadra y cartabón.
Un escrupuloso paralelismo
de vigas y tabiques,
las tres dimensiones
de un acuario.

El desamor fue
causa del azar,
y lo fue también
el amor fugaz
entre escaparates.

Todo se sabe siempre
porque todo se ve,

sin elipsis ni censuras,
sin poetas ni moralistas.
Total, ¿a quién le importa?

III.

Después de esta breve
tragicomedia de los celos
sin menor alcance,
        no emana de las figuras
        ninguna luz especial.
        Tal vez en sus corazones
        haya pedrisco o langosta.

Se dirán, habitualmente,
        adiós,
        hasta luego,
        hablamos,
y todo seguirá como antes
entre los tres.
        Besos fríos,
        palabras inanes
        que no se recuerdan:
        piel de liquen.

Ni un arranque de furia,
ni un poner las cosas en su sitio,
ni un sentimiento
del que merezca la pena
dejar constancia.

Nada interrumpe el hilo musical,
ni siquiera el ronroneo
del sistema de climatización.

        Tántalo, el condenado por los dioses,
        con el agua tan cerca
        y no logra beber;

bajo las ramas de un manzano oscuro,
y no logra comer.

Entonces Andrés se masturba
igual que se masturban los ángeles,
con sus alas de pavo real y de ave del paraíso,
sacudido por el aire acondicionado
que escupe vendavales porque un pichón
se ha quedado dormido entre sus mecanismos
secretos.

IV.

Horas, días, semanas y meses.
La abulia como una nube en los ojos
      porque este tiempo blanco nuclear,
      desierto transparente sin agujas,
      erosiona los latidos al límite,
      los licúa, disuelve y evapora.

Es entonces cuando a los vigilantes
se les caen los párpados
y los abren para contar ovejas.
      Creo que he perdido un paraguas.
      ¿No lo ha visto?

      Un rumor persistente ocupa todo,
      idéntico a sí mismo, como un lago,
      monótono, insidioso, como de avispa,
      apático, helador, como el granizo.

Por fin, un árbol sin lucecitas ni espumillones ni bolas,
      el poste del cableado,
palillo tieso en un acerico.

      De Polo Norte, lírica tan blanca,
      largo horizonte sin preposiciones,
      un acento, la punta, el iceberg.

      Repita, no le he entendido.
      ¿Y para esto le pagan?

V.

También las pantallas maúllan
al verse traicionadas.
Hay una norma no escrita en el contrato
pero imaginada por cualquier trabajador:
    no robarás,
    no llorarás,
    no besarás.

        El extraño misterio
        de la naturaleza
        que sigue con su curso,
        aunque nadie la mire.

El suelo cruje pese a ser de mármol.

        Después de una terrible tempestad,
        a los náufragos nadie les pregunta
        por ese corazón hecho una esponja,
        que llora cuando se la aprieta
        entre los dedos húmedos de miedo.

Andrés, Emilio, Fátima, Andrea.
    Te echo de menos, mamá.
    No quiero que te mueras, mamá.

VI.

Por las noches el silencio
conquista al silencio, incluso,
y a una hora incierta de la madrugada
no se oye ni tan siquiera
el murmullo de las máquinas.

Lo que sucede después de la estampida.

El garaje subterráneo
es una caja de música rota.
Solo queda algún que otro coche.
Sus dueños vendrán al día siguiente.
Y en medio de este hondísimo eco,
a Andrés le da por tararear
...falling in love with you...
por fin a salvo de la radio-fórmula.

Al principio se sentía solo,
pero ahora elige las guardias nocturnas,
nadie le pregunta nada.
Aunque tal vez pierda demasiado tiempo
observando las goteras del parking.

Para no quedarse dormido
prefiere la alarma de su teléfono
al hilo musical.

¡Preciosa sinfonía nocturna!
Ya escuchas el resuello de los ángeles
que custodian tu cama,
sus cuatro ángulos.

VII.

Como si fuera un mago,
Emilio saca de la chistera
un anillo de la bisutería
que ha birlado para Fátima.

> La oscuridad no se mueve
> dentro de los probadores.

Andrés siente un cosquilleo en las manos
cuando le preguntan si es de derechas
o de izquierdas.

> Se derrumban los gorriones
> como almenas de castillo.

Sin conocer su papeleta
en la última legislatura,
la multitud lo mira
con desprecio.

> Ahora todos los pájaros
> tienen color tropical.

¿Esta misma gente
aprobaría que, por amor
más o menos verdadero,
Emilio robase un anillo
de la bisutería?

> Toman el vuelo nocturno
> y a picotazos se mueren.

Al final, es la dependienta
quien pone de su dinero
para no dar explicaciones
del hurto.

VIII.

Aquí no hay nostalgia ni dolor
ni monumentos a próceres o héroes.
Tampoco una placa conmemorativa
que recuerde quiénes fuimos
alguna vez nosotros.

Las ánimas en pena susurrantes,
las cálidas vocales de la muerte.

Siguen y seguirán siendo invisibles,
aunque fueran traslúcidas las paredes.

Grillos crepitantes
dentro de los puños.

De las mil columnas que sostienen el vacío
solo hay una que se yergue sobre roca,
el resto son las piernas de una oruga retorciéndose,
frágiles en bucle.
Solo hay una que entierra sus raíces en el pavimento
agarrándose al tuétano de magma del planeta.
Solo hay una que cumple la función del edificio:
inyecta memoria en la espesura y crece,
como el tronco de una secuoya milenaria,
todo lo demás sobra.

El reloj vuelve siempre al punto de partida
y en el tiempo concreto traza circunferencias.

¿Dónde están los planos de la utopía?
¿Se llevarán a cabo alguna vez?
¿Alguien lo sabe?

El roce de los cuerpos que sudan,
de los cerebros deshidratados
por la codicia.
    ¡Yo soñaba con derribar al menos los cimientos,
    por el placer de crear una ruina!

Solo hay una columna que no puede tirarse,
que resiste al paso de la historia.
Me refiero al rincón donde
    Andrés y Andrea,
    Fátima y Emilio...
No es posible cortar la luz a las estrellas,
sumergirlas en un pozo de petróleo
y que arda el mar.

Nota

Poco después de traducir junto a Leonardo Vilei *La muchacha Carla*, me propuse escribir un poemario como el de Elio Pagliarani, que mostrara las vidas de varios personajes. Pensé que esta historia podría transcurrir en un centro comercial en decadencia, similar a los que yo había frecuentado cuando era adolescente. En la década de los noventa nadie podía imaginar que las compras digitales vaciarían estos foros posmodernos del ocio y el consumo, escenario de numerosas películas y videoclips. Hace años que no suelo perderme por sus galerías, iluminadas siempre de forma cenital y con pavimentos lisos para que se deslicen sin obstáculo los carros de la compra. Mercedes Cebrián me animó a recorrerlos otra vez con un cuaderno de notas y Sofía Rhei, lejos de alimentar mis prejuicios, me habló de ellos como si fueran los últimos espacios públicos de una sociedad atrincherada en sus teléfonos móviles. En enero de 2019 pasé algunos días en Segovia, en el monasterio de Santa María del Parral. En el silencio mayor de la clausura surgieron las voces de este poemario. Sobre los versos en prosa, las frases de los personajes y algunas estrofas castellanas empezaron a invadir la página a modo de interferencias. Quería que pareciese un cancionero roto o el hilo musical hackeado de unos grandes almacenes. Al regresar a Madrid, Luis Gaspar me invitó a leer los primeros poemas de *Rincones de ambigua geometría* en su estudio. Aquella noche Asier Rua, Bruno Ruiz-Nicoli, Carmen Fernández Ortiz, José María Lanzarote, Juana Mum, Lisbeth Salas, María Eloy-García, Mayte Carazo y Violeta Dávila me alentaron a seguir escribiendo, pero un par de meses más tarde estalló la pandemia del coronavirus y tuve la sensación de que el libro nacía ya viejo.

Me costó volver a interesarme por las vidas de estos personajes, a los que casi había olvidado: dos vigilantes, una limpiadora, un comisario de arte, una maestra y unos niños. Antonio de la Muela y Nemanja Kuzmanovski leyeron o me oyeron decir algunos de estos poemas, cuando eran piezas independientes y tenían títulos como «El tibio placer de la paciencia», «Fuerte sensación de fragilidad», «Liturgia movediza de los calendarios», «Absolución en falso», «Procesión de las escaleras mecánicas», «Una manada de caballos pasta bajo la luz de los neones» o «El vigilante observa las palomitas de maíz como un signo atmosférico». Han aparecido borradores de los mismos en la revista *Pineal*, gracias a la invitación de Andrea Toribio y Pablo Álvarez; en la revista *Centauros*, dirigida por Alejandro V. Bellido, y en la antología *Amores líquidos*, recopilada por Carlos Asensio y Cecilia González Godino. Una vez más he contado con la mirada cómplice de mi editora, Elena Medel, que desde hace más de una década me acompaña en mi labor poética.

La foto de la portada es de Dionnys Matos. La descubrí una tarde de calor sofocante en La Habana, donde la belleza encuentra la manera de brotar entre los montones de basura. El último verso hace referencia a un libro de Pere Gimferrer, *Arde el mar*. También se citan entre líneas la copla «Ojos verdes», con letra de Rafael de León y Salvador Valverde, un pasaje de *Don Juan* de Molière en el que el seductor responde con una suma, una jarcha en mozárabe, a Bernarda Alba de Lorca, la canción «*Can't help falling in love*» que hizo mundialmente conocida Elvis Presley, algunos proverbios, refranes, campañas publicitarias y letrillas infantiles. *Los paisajes* de Patricia Esteban inspiró parte del segundo bloque. El título evoca la segunda publicación de Carmen Jodra Davó, *Rincones sucios*. Estos rincones son también los de *La noche justo antes de los bosques* de Bernard-Marie Koltès, un monólogo violento y luminoso sobre el que escribí una reseña: «marcado por una fatalidad que lo empuja a rincones de ambigua geometría». He contado una historia tan triste que nadie merece que se la dedique. Probablemente este poemario pase inadvertido dentro de cien años, pero si alguien lo encuentra espero que lo lea como el mensaje de un náufrago, metido en una botella y arrojado a las olas.

Ignacio Vleming
Madrid, 2025

ÍNDICE

Esta primera edición
de **Rincones de ambigua geometría**,
de **Ignacio Vleming**,
se terminó de imprimir
en Barcelona
el 17 de mayo de 2025.

*

¡Ojalá te haya interesado esta lectura!
Si ha sido así, te animamos a compartirla
en tus redes sociales.
Tenemos perfiles como @labellavarsovia
en Facebook, Instagram y Twitter.
Y en nuestra web, labellavarsovia.com,
encontrarás información
sobre todos nuestros libros.

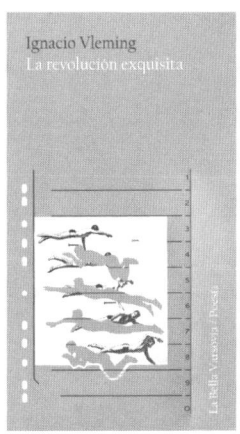

Ignacio Vleming
La revolución exquisita

La Bella Varsovia · Poesía

978-84-124-3797-3
13,90 €
112 páginas

Con *La revolución exquisita* afirmamos y dudamos, pero en qué orden; nos planteamos —y replanteamos— nuestras certezas sobre la forma en la que se cuenta la historia, también sobre la actitud con la que construimos el presente. Entre las fechas y los lugares y los nombres propios, Ignacio Vleming nos pregunta «¿qué hacer con las reliquias que son falsas? / ¿Y con las verdaderas?», y apunta a lo que sale de foco en las postales, y nos incomoda porque quizá no acertemos cuando hacemos lo correcto.

Después de *Clima artificial de primavera* y *Cartón fósil*, siempre con el empeño de observar —y analizar— el mundo desde la militancia en la belleza, Ignacio Vleming avanza con *La revolución exquisita* en uno de los proyectos más originales y libres de nuestra poesía: una escritura que cuestiona siempre lo establecido, y cuanto significa hoy «lo establecido». En algún lugar entre la memoria y la fantasía se dirimen la revolución del miedo y también la revolución de la esperanza, se cuenta la revolución lúcida y necesaria del pensamiento desde la revolución precisa —preciosa— del lenguaje.

Hay una voz en *Cartón fósil* cruzando de los días del descubrimiento a la vida adulta. A este libro, feliz y luminoso incluso ante los temas oscuros, se asoman el recuerdo de la formación, el valor emocional de la cultura y su fuerza en nuestra educación sentimental. Una bienvenida a la madurez desde lo que se añora y una celebración sincera de la poesía: uno de esos libros que se quedan para siempre con nosotros.

978-84-944-3236-1
12,90 €
84 páginas

Según la escritora Mercedes Cebrián, «a Ignacio Vleming le gusta escudriñar lo que hacen los demás, no tanto porque sea aficionado al voyeurismo sino porque se ha dado cuenta de algo fundamental: que la realidad siempre se nos presenta interpretada por mil manos ajenas; que los lienzos de los museos, cuando creen que nadie los contempla, cobran vida sin nuestro permiso. De todo esto dan fe sus poemas repletos de verdades, o más bien rebosantes de algo muy similar: auténticas ficciones».

978-84-944-3233-0
11,90 €
68 páginas